선 이야기
The story of lines

앤드 그림책
Picture Book by AND

선 하나가 그어졌다.

A line was drawn.

선은 물과 땅을 나누었다.
생명이 번져갔다.

That line divided water and land.
Life spread.

사람들은 물을 보았다.
하지만 있는 그대로 바라보지 못하였다.
각자의 눈으로 선을 그었다.

"물은 흘러야 해.
흐르지 않는다면 물이 아니야."

People saw the water.
But they could not see it as it was.
They drew lines according to their own view.

"Water must flow.
It's not water, if it doesn't flow."

"물은 파란색이어야 해.
파랗지 않다면 물이 아니야."

사람들이 그은 선으로 물은 잘려 나갔다.

"Water must be blue.
It's not water, if not blue"

As the lines were drawn, water was cut off.

"물은 차가워야 해.
차갑지 않다면 물이 아니야."

수많은 선들이 그어졌다.
물은 작아지고 작아졌다.

"Water must be cold.
It's not water, if not cold"

More lines were drawn.
Water became smaller and smaller.

어느새 물은 사라지고 땅만이 남았다.
생명이 마르고 죽어갔다.

Before we knew, the water disappeared and only land remained.
Life dried up and eventually died.

그제서야 사람들은 제멋대로 그은 선들을 지우기 시작했다.

"차갑지 않은 물도 있어.
화산 지역에서는 물이 뜨거워지거든."

Only then did people begin to erase the lines they had drawn.

"There is water that's not cold.
It gets hot in volcanic regions."

"파랗지 않은 물도 있어.
비오는 날에는 물이 회색으로 보이거든."

선을 지우는 만큼 물이 다시 넓어졌다.

"Some waters are not blue.
On a rainy day, it looks gray."

As the lines were erased, water widened again.

"흐르지 않는 물도 있어.
겨울에는 물이 얼거든"

사람들은 선을 계속 지웠다.
선을 지우는 것이 포용이고, 선한 일이라고 생각했기 때문이다.
물이 넓어지는 만큼 땅은 줄어들었다.

"There is water that does not flow.
It freezes in winter."

People continuously took away the lines.
Erasing lines seemed like a good-hearted way of accepting.
As the water expanded, land began to shrink.

이제 처음의 선 하나만이 남았다.
사람들은 그 선마저 지웠다.

Now only one line from the beginning remained.
And even that line was taken out.

마지막 선이 지워지자 물과 땅의 경계가 사라졌다.
물이 땅을 덮었다.
생명이 잠기고 죽어갔다.

When the final line was erased, the boundary between water and land disappeared.
Then water covered the land.
Life drowned and died.

잠겨가는 세상을 보며 사람들은 말했다.

"마지막 선은 남겨 두어야 했구나.
그 한 줄만은 절대 지우지 말아야 했어."

People said as they watched the world drowning:

"The line had to remain.
That one line should never have been erased."

Epilogue

선 긋기가 폭력이 되고 죽음이 되는 것을 보았다.
선을 지워 나가기 시작했다.
그러다 어느 지점에서 나는 지우기를 머뭇거렸다.
그 선마저 지워지면 세상이 지워질 것만 같았다.
결코 지워지면 안 되는 선, 세상을 지탱하는 선을 나는 인정할 수밖에 없었다.
신이 그은 그 선의 이름은 '사랑'이다.

Epilogue

I have witnessed line-drawing becoming means of violence and death.

So, I began erasing the lines.

Then at some point, I hesitated.

It felt like once that line disappears, the whole world would disappear with it.

I had to recognise and accept that one line should remain, the one that sustains the world.

We call this line that God drew 'love'.

Thanks

선을 지우다 선을 마주한 나의 이야기를 그림책으로 만들었다.
얇은 책 한 권이 세상에 나오기까지 많은 사랑이 있었다.

메시지의 계기를 준 조샘
이야기 연상의 계기를 준 마리아
번역으로 독자를 확장해 준 데보라
제작 과정에 도움을 준 빈센트, 수진
디자인프로그램으로 편집을 마무리해 준 진우에게 감사드린다.
내 삶을 지탱해 주는 가족과 친구들에게 감사드린다.

Thanks

During my quest of erasing lines, I encountered the one.

This is a book about that story.

There were many hearts that enabled this little book.

Thank you,

Sam Jo, for initiating the message

Maria, for giving me the inspiration for the story

Deborah, for expanding the reach through translation

Vincent and Sujean, for helping with the production process

Jinwoo, for finishing the editing process with the design program

My family and friends, for sustaining my life.

주께서 물의 경계를 정하여 넘치지 못하게 하시며
다시 돌아와 땅을 덮지 못하게 하셨나이다
시편 104:9

You set a boundary they cannot cross;
never again will they cover the earth.
Psalms 104:9

선 이야기
© 앤드 2024

초판 1쇄 발행 2024년 04월 16일

저자 앤드
번역 김데보라
출판 앤드워즈
메일 andwords.kr@gmail.com
채널 페이스북@andwors.kr 인스타그램@andwors.kr

출판등록 제2020-00296호
ISBN 979-11-972764-2-2 07810

책값은 뒤표지에 있습니다.
잘못된 책은 구입처에서 교환하여 드립니다.